Les auteurs et l'éditeur
remercient tout particulièrement
Madame Marie-Claire Noah,
Jean-Marc Pochat et Patrice Hagelauer,
la société PROSERV,
ainsi que André Hadjez, à l'origine de cet album,
pour leur aimable participation.

il était une fois...

YANNICK NOAH

d'après les confidences de Yannick Noah,
recueillies au magnétophone.

Texte : Claude Gendrot Dessin : André Chéret

Couleurs : Chantal Chéret

HACHETTE

ROLAND-GARROS, 5 JUIN 1983. DEPUIS COMBIEN DE TEMPS LE MATCH EST-IL COMMENCÉ ? YANNICK S'EN MOQUE COMME DE SA PREMIÈRE RAQUETTE EN BOIS. L'AUTRE, EN FACE, L'A CLOUÉ SUR PLACE... YANNICK N'A PAS BOUGÉ... LE LOB PARFAIT...
les Mousquetaires
6-3 POUR YANNICK AU TIE-BREAK : TROISIÈME SET... ENCORE TROIS BALLES DE MATCH, ET YANN AU SERVICE. CELLE-LÀ ! IL VA LA FRAPPER COMME UNE MULE. SUR LE COUP DROIT DE L'AUTRE ET L'AUTRE N'AIMERA PAS ! OH ! NON, IL N'AIMERA PAS !
... C'EST GAGNÉ !... YANNICK TOMBE À GENOUX, SE RELÈVE, SE RETOURNE, ET LE VOIT, LUI, LE FOU QUI ENJAMBE LA RAMBARDE DES GRADINS, SE CASSE LA FIGURE, SE REMET DEBOUT, ET COURT VERS SON FILS :... PAPA !
ALLEZ YANN, NE RÉFLÉCHIS PLUS... SERVICE-VOLÉE, UN POINT C'EST TOUT ! LE DERNIER POINT... CE SERAIT TROP BÊTE... C'EST PARTI COMME UNE FUSÉE, ET C'EST... GAGNÉ !...
QUINZE ANS QU'IL ATTENDAIT ÇA, QUINZE ANS QU'ILS ATTENDAIENT ÇA TOUS LES DEUX...
...PUIS, LE GRAND TOURBILLON... ÇA HURLE, ÇA CRIE, ÇA CHANTE, ÇA RIT, ÇA PLEURE... ON AGRIPPE LE HÉROS, ON LE TOUCHE, ON LE BOUSCULE, IL ÉTOUFFE, IL GUEULE UN BON COUP, SE DÉGAGE... IL EST HEUREUX...
LA COUPE, ENFIN, QU'IL BRANDIT, HAUT DANS LE CIEL DE ROLAND-GARROS ; LES MICROS TENDUS, ET LES MOTS QUI SORTENT DE SA BOUCHE, DE SON COEUR, LES MOTS SIMPLES DE SON HISTOIRE :
"MA VICTOIRE EST D'ABORD CELLE DE MA FAMILLE, DE MES AMIS. CELLE DE LA FRANCE, ET CELLE DE MA DEUXIÈME PATRIE, LE CAMEROUN !"...
...IL ÉTAIT UNE FOIS YANNICK NOAH, NÉ À SEDAN, LE 18 MAI 1960...

STADE DE COLOMBES, 7 MAI 1961...
SEDAN REMPORTE LA COUPE DE FRANCE DE FOOTBALL. PARMI LES ONZE VAINQUEURS, UN CERTAIN ZACHARIE NOAH...
HÉ ! REGARDEZ QUI ARRIVE !
...MAIS, C'EST TON FILS, ZAC ! ?
QUELLE ALLURE ! UN FUTUR "FOOTEUX", TU PEUX ME CROIRE !
U.A. SEDAN-TORCY VAINQUEUR DE LA COUPE DE FRANCE 1960-61
MA PAROLE, IL VEUT LA COUPE !
IL MARCHE DÉJÀ VERS LA GLOIRE !
AH ! AH ! AH ! AH !
TITI, MON PETIT PRINCE !
LE TRÔNE DU PRINCE EST AVANCÉ...
AH ! AH ! AH !
ET C'EST AINSI, OU PRESQUE, QUE YANNICK COMMENCE SA CARRIÈRE DE SPORTIF DE HAUT NIVEAU : ASSIS DANS UNE COUPE. IL A UN AN...

AIR FRANCE
F-BGNH
VICTIME D'UNE DOUBLE FRACTURE DE LA JAMBE ET DU BASSIN, ZACHARIE NOAH INTERROMPT DÉFINITIVEMENT SA CARRIÈRE DE FOOTBALLEUR PROFESSIONNEL... AINSI, LA FAMILLE NOAH S'ENVOLE VERS LE CAMEROUN, LE PAYS D'ORIGINE DE ZACHARIE...
QUELQUES ANNÉES PLUS TARD, DANS UNE RUE DE YAOUNDÉ...
AÏE!
VOUS NE POUVEZ PAS JOUER AILLEURS, NON!?
RESTE ICI, TOI!
IL VA FALLOIR TROUVER AUTRE CHOSE..
SI ON JOUAIT AU TENNIS ?
ET AVEC QUOI, GROS MALIN, ON N'A PAS DE RAQUETTES!?
ET LE TERRAIN, Y'A PAS DE TERRAIN POUR JOUER?
ON N'A QU'A' ALLER SUR LE TERRAIN DE BOULES, DERRIÈRE LES PAVILLONS, IL N'Y A JAMAIS PERSONNE... LES RAQUETTES, EH BEN, ON VA LES FABRIQUER NOUS-MÊMES!
ET VOILA' LE TRAVAIL!
ÇA Y EST...
...J'AI RÉUSSI A' PIQUER UNE BALLE A' MON PÈRE!
TU TE DÉPÊCHES, ON VA TIRER AU SORT!
HO, HÉ, MINUTE PAPILLON! JE TRACE LES LIGNES!

BIENTÔT, LA PARTIE S'ENGAGE, SOUS L'OEIL CRITIQUE DES COPAINS...
OUAAAIIIS
...ET C'EST AINSI QUE YANNICK DÉCOUVRE LES PREMIÈRES "JOIES" DE LA COMPÉTITION... IL A SIX ANS...
AH! AH!
AH! AH! AH!
RIGOLEZ, RIGOLEZ... JE N'AURAI PAS TOUJOURS LE NEZ DANS LA POUSSIÈRE!

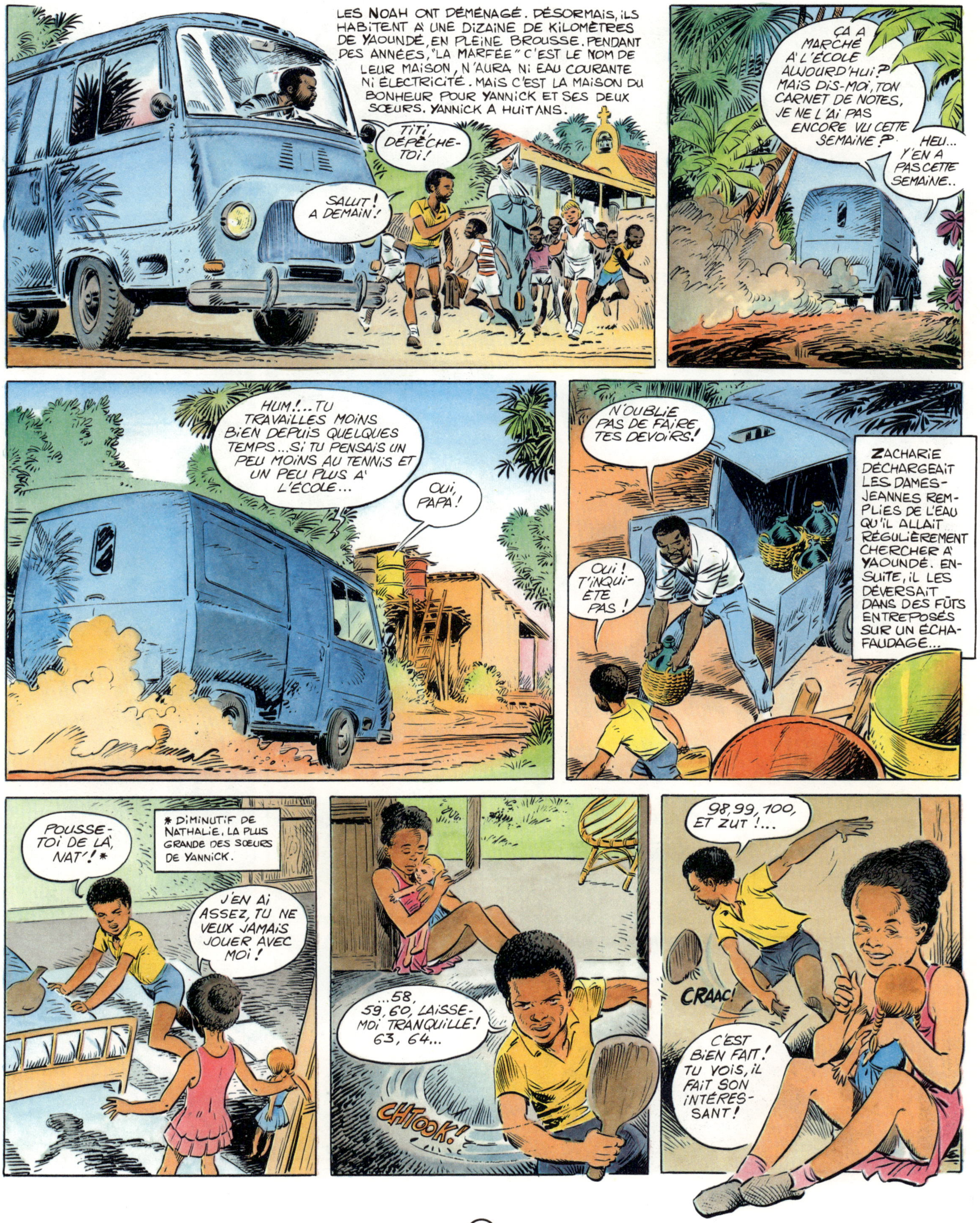
LES NOAH ONT DÉMÉNAGÉ. DÉSORMAIS, ILS HABITENT À UNE DIZAINE DE KILOMÈTRES DE YAOUNDÉ, EN PLEINE BROUSSE. PENDANT DES ANNÉES, "LA MARFÉE" C'EST LE NOM DE LEUR MAISON, N'AURA NI EAU COURANTE NI ÉLECTRICITÉ. MAIS C'EST LA MAISON DU BONHEUR POUR YANNICK ET SES DEUX SOEURS. YANNICK A HUIT ANS.
TITI, DÉPÊCHE-TOI!
SALUT! A DEMAIN!
ÇA A MARCHÉ À L'ÉCOLE AUJOURD'HUI? MAIS DIS-MOI, TON CARNET DE NOTES, JE NE L'AI PAS ENCORE VU CETTE SEMAINE?
HEU... Y'EN A PAS CETTE SEMAINE..
HUM!...TU TRAVAILLES MOINS BIEN DEPUIS QUELQUES TEMPS...SI TU PENSAIS UN PEU MOINS AU TENNIS ET UN PEU PLUS À L'ÉCOLE...
OUI, PAPA!
N'OUBLIE PAS DE FAIRE TES DEVOIRS!
ZACHARIE DÉCHARGEAIT LES DAMES-JEANNES REMPLIES DE L'EAU QU'IL ALLAIT RÉGULIÈREMENT CHERCHER À YAOUNDÉ. ENSUITE, IL LES DÉVERSAIT DANS DES FÛTS ENTREPOSÉS SUR UN ÉCHAFAUDAGE...
OUI! T'INQUIÈTE PAS!
POUSSE-TOI DE LÀ, NAT'!*
* DIMINUTIF DE NATHALIE, LA PLUS GRANDE DES SOEURS DE YANNICK.
J'EN AI ASSEZ, TU NE VEUX JAMAIS JOUER AVEC MOI!
...58, 59, 60, LAISSE-MOI TRANQUILLE! 63, 64...
CHTOOK!
98, 99, 100, ET ZUT!...
CRAAC!
C'EST BIEN FAIT! TU VOIS, IL FAIT SON INTÉRESSANT!

QUELQUES JOURS PLUS TARD, SON PÈRE LUI OFFRE UNE "VRAIE" RAQUETTE... SA PREMIÈRE RAQUETTE!
CELUI-LA' EST AU POIL!
NATHALIE TU M'ÉNERVES! DÉCAGE!
NON, JE NE ME POUSSERAI PAS, JE VEUX QUE TU JOUES AVEC MOI!
POUSSE-TOI, J'TE DIS! VA JOUER AVEC ZAZA! *
T'ES COMPLÈTEMENT FOU! MAMAN!
*ZAZA, DIMINUTIF D'ISABELLE, EST LA PLUS JEUNE SOEUR DE YANNICK.
LES FILLES, QU'EST-CE QUE C'EST EMBÊTANT!
UN EUCALYPTUS SE TROUVAIT À 40 MÈTRES. YANNICK S'ÉTAIT JURÉ DE L'ATTEINDRE, ET, CHAQUE JOUR, IL RÉPÉTAIT SES TENTATIVES...
CHTTLAK!
RATÉ! ET PIS D'ABORD, TU NE LE TOUCHE-PAS JAMAIS, L'EUCALYPTUS!
SI, J'Y ARRIVERAI, J'Y ARRIVERAI!
A TABLE!
JE N'AI PAS FAIM!

ALORS, QU'EST-CE QU'IL A DIT TON PÈRE?
PAS FOU! J'LUI AI PAS MONTRÉ MON CARNET!
MAIS... QU'EST-CE QUE TU VAS FAIRE, IL FAUT LE RENDRE AUJOURD'HUI!?
JE VAIS LE SIGNER MOI-MÊME, TIENS!
T'ES PAS CAP'!
TU VAS VOIR SI J'SUIS PAS CAP'!.. FAITES LE CERCLE!
GONFLÉ, LE YANNICK!
DING! DOOONG! DING!
ALLEZ! DÉPÊCHEZ-VOUS! VOUS N'AVEZ PAS ENTENDU LA CLOCHE SONNER!?
ON Y VA, MA SŒUR!
NOAH! APPORTE-MOI ÇA!
ALORS, QUE MONTRAIS-TU DE SI INTÉRESSANT À TON VOISIN? ALLEZ, DONNE-MOI ÇA!
TIENS, TIENS, TIENS!

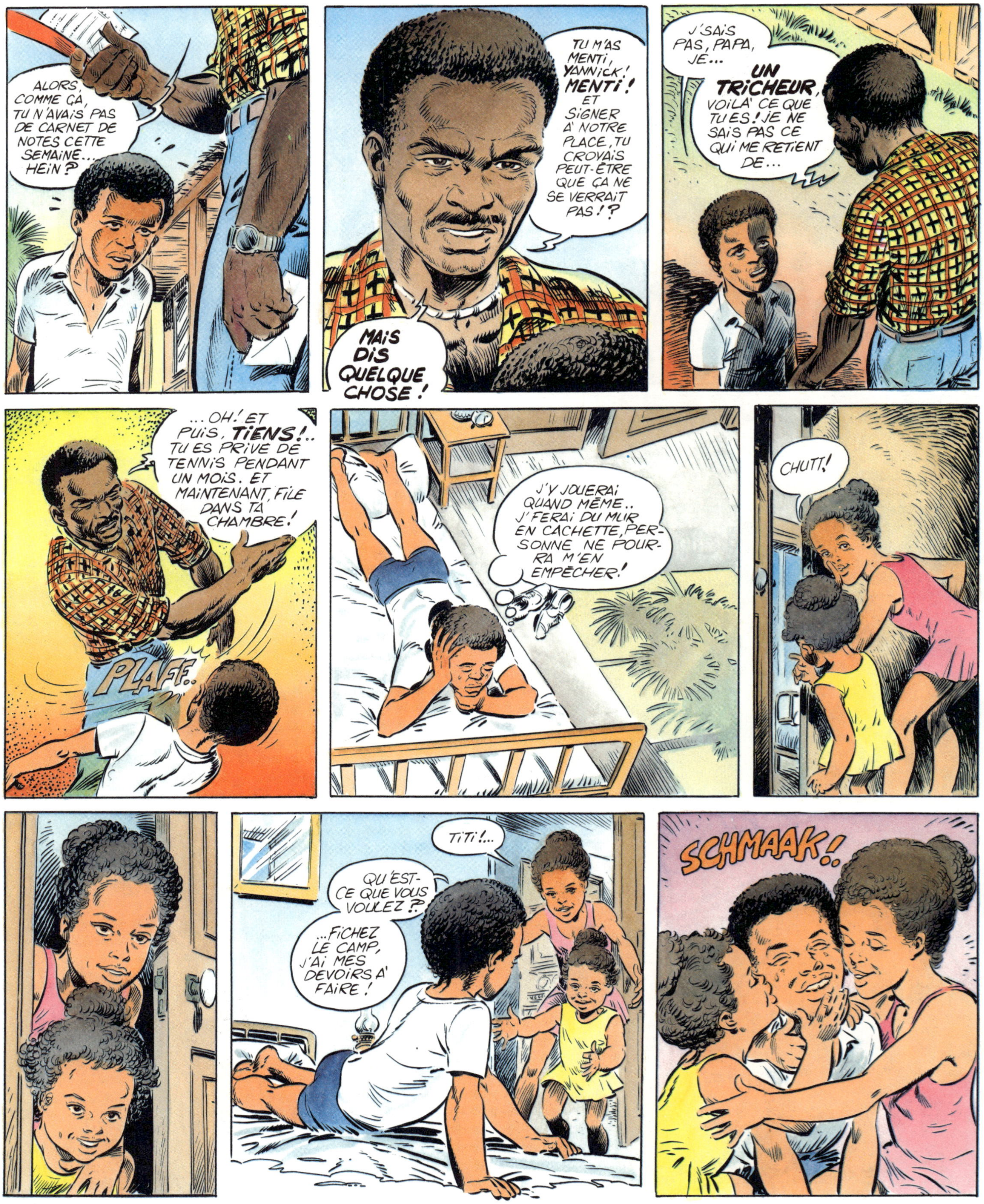
ALORS, COMME ÇA, TU N'AVAIS PAS DE CARNET DE NOTES CETTE SEMAINE... HEIN ?
TU M'AS MENTI, YANNICK ! MENTI ! ET SIGNER À NOTRE PLACE, TU CROYAIS PEUT-ÊTRE QUE ÇA NE SE VERRAIT PAS !?
MAIS DIS QUELQUE CHOSE !
J'SAIS PAS, PAPA, JE...
UN TRICHEUR, VOILÀ CE QUE TU ES ! JE NE SAIS PAS CE QUI ME RETIENT DE...
...OH ! ET PUIS, TIENS !.. TU ES PRIVÉ DE TENNIS PENDANT UN MOIS. ET MAINTENANT, FILE DANS TA CHAMBRE !
PLAFF..
J'Y JOUERAI QUAND MÊME.. J'FERAI DU MUR EN CACHETTE, PERSONNE NE POURRA M'EN EMPÊCHER !
CHUTT !
TITI !..
QU'EST-CE QUE VOUS VOULEZ ?
...FICHEZ LE CAMP, J'AI MES DEVOIRS À FAIRE !
SCHMAAK !

AU BOUT DE TROIS JOURS, ZACHARIE AVAIT OUBLIÉ ET L'INCIDENT ET LA PUNITION. LA LEÇON, TOUTEFOIS, AVAIT SEMBLÉ PORTER SES FRUITS: DE NOUVEAU, YANNICK OBTENAIT DE BONS RÉSULTATS SCOLAIRES...
...MÊME SI LE TENNIS EMPLISSAIT DE PLUS EN PLUS SES LOISIRS.
D'AILLEURS, AVEC LE CHAMPION DU CAMEROUN, GABRIEL ONANA, YANNICK PRENAIT DES LEÇONS DEPUIS TROIS ANS, ET À 11 ANS, SES PROGRÈS ÉTAIENT CONSIDÉRABLES...
...CE SAMEDI-LÀ, TOUTE LA FAMILLE AVAIT DÉCIDÉ DE PASSER LA JOURNÉE DANS LA RÉSERVE DE WAZA, UN DES HAUTS LIEUX TOURISTIQUES DU CAMEROUN...
REGARDE, MAMAN, C'EST DES "MUFLES"!
AH! AH! CE NE SONT PAS DES "MUFLES", MA CHÉRIE, MAIS DES BUFFLES!
AH! BON!.. ET COMMENT ÇA S'APPELLE LES MAMANS MU... BUFFLES?
DES BUFFLONNES!
TITI, REGAR... MAIS, OÙ EST-IL ENCORE PASSÉ?
QU'EST-CE QU'IL FAIT, PAPA, TITI?
QUE VEUX-TU QU'IL FASSE? DES SERVICES!
MÊME SANS RAQUETTE, C'EST PLUS FORT QUE LUI!
TITI! PRENDS AU MOINS LE TEMPS DE MANGER!
IL M'AGACE AVEC SON TENNIS, CELUI-LÀ!
LAISSE-LE DONC, VA, APRÈS TOUT, S'IL AIME ÇA...

TITI, ATTENDS-MOI, J'AI QUELQUE CHOSE A' TE DIRE !
QUOI, QU'EST-CE QU'IL Y A ?
ARTHUR ASHE ET D'AUTRES JOUEURS...
...PROFESSIONNELS SONT ACTUELLEMENT EN AFRIQUE POUR UNE TOURNÉE...
ARTHUR ASHE ?
TU AS ENTENDU PARLER D'ARTHUR ASHE, QUAND MÊME ?
OUI, PEUT-ÊTRE... VAGUEMENT...
ARTHUR ASHE EST UN DES MEILLEURS JOUEURS DU MONDE ! DEMAIN, IL SERA A' YAOUNDÉ, ET TU POURRAS ÉCHANGER QUELQUES BALLES AVEC LUI, COMME TOUS LES ENFANTS DU CLUB. C'EST SUPER, NON ?
ÇA N'A PAS L'AIR DE T'ENTHOUSIASMER ?
SI, SI, C'EST SUPER...
TU PARLES ! Y EN AURA QUE POUR EUX, LES VEDETTES, ÇA SERA EUX ET PAS MOI.
MAIS ÇA FAIT RIEN, JE VAIS LEUR MONTRER CE QUE JE SAIS FAIRE !

LE LENDEMAIN, UN DIMANCHE DE FÉVRIER 1972, C'EST LA FIÈVRE À YAOUNDÉ. AMBIANCE COLORÉE, FOULE BIGARRÉE, ENFANTS SURVOLTÉS. MARTIE RIESSEN, CHARLIE PASARELL, TOM OKKER, ET SURTOUT ARTHUR ASHE, GRAND PARMI LES GRANDS DU TENNIS MONDIAL, ONT SORTI, LE TEMPS D'UNE EXHIBITION, LEURS RAQUETTES MAGIQUES.
ET, BIEN SÛR, AUCUN DES PETITS TENNISMEN DE YAOUNDÉ N'A VOULU MANQUER L'UNIQUE OCCASION D'ÉCHANGER QUELQUES BALLES AVEC CES GÉANTS...
ASHE
A QUI LE TOUR, MAINTENANT ?
A MOI !
ALORS, FONCE !
TENNIS CLUB YAOUNDE
HÉ, YANNICK !
OUI, M'SIEUR ?
TU COMPTES JOUER SANS RAQUETTE ?
MINCE, J'L'AI OUBLIÉE À LA MAISON !
ALLEZ, CHAMPION, PRENDS LA MIENNE ! ELLE EST UN PEU LOURDE POUR TOI, MAIS TU FERAS AVEC !
TRÈS VITE, YANNICK PLANE : IL N'EST PAS SUR UN COURT, IL GLISSE SUR UN NUAGE ! IL OUBLIE TOUT, IL OUBLIE QU'IL N'A PAS ENCORE 12 ANS, QU'IL EST UN PETIT CAMEROUNAIS ET QU'EN FACE SE TROUVE UN GRAND AMÉRICAIN...
TENNIS CLUB YAOUNDE
..IL COURT, SAUTE, FRAPPE, COMME SI TOUTE SA VIE DÉPENDAIT DE CES QUELQUES BALLES ÉCHANGÉES...

...ET SOUDAIN, L'AMBIANCE MONTE D'UN CRAN...
D'ABORD ÉTONNÉS, PUIS RAVIS, ENFIN FOUS DE JOIE, LES SPECTATEURS SE SONT APPROCHÉS POUR MIEUX ADMIRER LES PROUESSES DE L'UN DES LEURS... DONT LE NOM, MAINTENANT, COMMENÇAIT À CIRCULER DANS LES TRAVÉES... YANNICK NOAH !...
OOOOOOH!
AAAAAAAAH!
ALLEZ, YANNICK!
OOUIIIIIII!
NO-AH! NO-AH! NO-AH!
IT'S FOR YOU! YOU HAVE A GOOD PLAY, KID! *
* C'EST POUR TOI ! TU JOUES BIEN, MON GARÇON !

ARTHUR ASHE NE SE CONTENTA PAS DE DONNER SA RAQUETTE. QUELQUES SEMAINES PLUS TARD, IL RENCONTRA LE PRÉSIDENT DE LA FÉDÉRATION FRANÇAISE DE TENNIS, PHILIPPE CHATRIER. IL LUI FIT PART DE SA "DÉCOUVERTE" DE YAOUNDÉ. ÉVIDEMMENT, L'OPINION DU GRAND JOUEUR AMÉRICAIN AVAIT SON POIDS. ELLE ALLAIT ÊTRE UN DÉTONATEUR PUISSANT À LA MISE À FEU DE LA FUSÉE YANNICK NOAH.
JUILLET 1972. VACANCES EN FRANCE POUR LES NOAH. À PARIS, ILS PROFITENT DE LEUR SÉJOUR POUR RENCONTRER UN REPRÉSENTANT DE LA FÉDÉRATION DE TENNIS...
GLACES
ARTHUR ASHE NOUS A RECOMMANDÉ VOTRE FILS. ALORS, VOICI CE QUE JE VOUS PROPOSE:
YANNICK VA FAIRE UN STAGE NATIONAL D'UNE SEMAINE. SI LES TESTS PHYSIQUES, PSYCHOLOGIQUES ET TECHNIQUES SONT POSITIFS, IL POURRA ENTRER DANS LA SECTION TENNIS-ÉTUDES DU LYCÉE DE NICE...
TU ES D'ACCORD, TITI ?
GÉNIAL !
MALGRÉ SON JEUNE ÂGE ET SA PETITE TAILLE, YANNICK PASSA TOUS LES TESTS AVEC SUCCÈS...
...ET FUT ADMIS EN QUATRIÈME AU LYCÉE DE NICE..
NOUS SOMMES BIEN D'ACCORD: LE TENNIS NE REMPLACE PAS LES ÉTUDES...
...IL EST HORS DE QUESTION QUE VOTRE FILS REDOUBLE !
LES DIX PREMIERS JOURS, AU LYCÉE, FURENT CEUX DE LA NOUVEAUTÉ ET DE L'ENTHOUSIASME. MAIS BIENTÔT, LE "SPLEEN" S'EMPARE DE YANNICK. LE WEEK-END, SURTOUT. LES COPAINS PARTIS CHEZ LEURS PARENTS, TROP SOUVENT IL SE RETROUVE SEUL, TOUT SEUL DANS LE GRAND DORTOIR TRISTE DU PENSIONNAT... YAOUNDÉ EST À 10 000 KILOMÈTRES...
...CHAQUE JOUR, YANNICK ÉCRIT À SES PARENTS, ET CHAQUE JOUR, LES MOTS DISENT SA SOLITUDE, SON ENNUI, SA DÉTRESSE.
J'AI HÂTE D'ÊTRE À NOËL...
...VOUS ME MANQUEZ. JE VOUS AIME... VOTRE TITI QUI EST TRISTE...

CE PREMIER TRIMESTRE, PASSÉ LOIN DE CHEZ LUI, TRAÎNE EN LONGUEUR. YANNICK COMPTE LES JOURS QUI LE SÉPARENT ENCORE DE SA FAMILLE. HEUREUSEMENT, IL Y A LES COPAINS, ET SURTOUT, IL Y A PATRICE BEUST... PATRICE, ANCIEN JOUEUR DE COUPE DAVIS, C'EST L'ENTRAÎNEUR. COMPÉTENT, PSYCHOLOGUE, CHALEUREUX, IL EST POUR YANNICK UN MERVEILLEUX REFUGE... MAIS...
BON, ÇA SUFFIT POUR AUJOURD'HUI !
YAN, J'AI À TE PARLER !
HUM !... J'AI VU LE TOUBIB, HIER... IL CROIT QUE... ENFIN, IL EST POSSIBLE QUE TU AIES UN SOUFFLE AU COEUR.
..ILS... ILS VONT M'OPÉRER ?
..NON... NON... SEULEMENT... APRÈS LES VACANCES DE NOËL, QUAND TU REVIENDRAS, TU IRAS À MARSEILLE POUR PASSER DES TESTS COMPLÉMENTAIRES...
..POUR ÊTRE SÛR QU'IL N'Y A RIEN, TU COMPRENDS ?
... EN ATTENDANT, TU ARRÊTES L'ENTRAÎNEMENT.. JE VAIS TÉLÉPHONER À TES PARENTS. NE T'INQUIÈTE PAS... ...ALLEZ, VA PRENDRE TA DOUCHE !
BEN ALORS, T'EN TIRES UNE TRONCHE !?
PATRICE M'A DIT... QUE J'AVAIS UN... UN SOUFFLE AU COEUR...
... QU'EST-CE QUE TU VAS FAIRE ?
DE TOUTE FAÇON, J'EN AI MARRE ! J'ARRÊTE TOUT ! LE TENNIS, C'EST FINI, JE RENTRE AU CAMEROUN, ET JE NE REVIENS PLUS !

LE VOILÀ ! TITI !
CAMEROON AIRLINES
MAMAN ! PAPA !
MON TITI, MON PETIT TITI !
PATRICE BEUST NOUS A TÉLÉPHONÉ. IL NE FAUT PAS T'INQUIÉTER, LES TESTS N'ONT PAS ÉTÉ COMPLETS. RIEN N'EST SÛR...
JE NE RETOURNERAI PAS À NICE. JE RESTE ICI, AVEC VOUS...
TU FERAS COMME TU VOUDRAS !
OUAH, ZAZA, CE QUE TU AS GRANDI ! C'EST QUI TOUS CES ENFANTS, MAMAN ?
TU SAIS BIEN, JE TE L'AI ÉCRIT. J'AI OUVERT, ICI, À LA MARFÉE, UNE ÉCOLE MATERNELLE !
LES JOURS PASSENT, TROP VITE CETTE FOIS, ET YANNICK, EN RETROUVANT SA FAMILLE ET SA MAISON, RETROUVE DU MÊME COUP SA PASSION POUR LE TENNIS...
CHTOOK !
TU L'AS EU ! BRAVO !
QUE FAIRE ? QUE LUI DIRE ?
TU AS RAISON !... IL EST BEAU, MON FILS !
RIEN... LAISSONS-LE DÉCIDER SEUL. IL SAIT TRÈS BIEN QUE, QUOI QU'IL FASSE, NOUS SERONS TOUJOURS AVEC LUI !

FIN DES VACANCES DE NOËL.. L'HEURE DU CHOIX...
JE REPARS À NICE !
DÉP
POURVU QU'IL TIENNE LE COUP, IL EST ENCORE SI PETIT !
CELA DÉPENDRA DE MARSEILLE. SI RIEN NE CLOCHE, JE NE ME FAIS PAS DE SOUCI : C'EST UN BATTANT !
A MARSEILLE, LES EXAMENS MÉDICAUX NE RÉVÈLENT QU'UNE CHOSE : LE COEUR DE YANNICK NOAH BAT TRÈS LENTEMENT !* PLUTÔT EXCELLENT POUR UN FUTUR SPORTIF DE HAUT NIVEAU...
*AUJOURD'HUI, IL BAT À 37 PULSATIONS MINUTE. C'EST EXCEPTIONNELLEMENT BAS.
LORSQU'ENFIN, IL REPREND L'ENTRAINEMENT, YANNICK A RECOUVRÉ TOUT SON MORAL... ET...
...SA FUREUR DE JOUER !
BIEN, YAN, TRÈS BIEN ! MAINTENANT, ON VA FAIRE DE BONNES CHOSES, TOI ET MOI !

A 13 ANS, YANNICK RESSENT ENCORE DOULOUREUSEMENT L'ÉLOIGNEMENT DE SES PARENTS, MAIS LES CHOSES COMMENCENT À ALLER MIEUX... L'ÉTÉ ET LES PREMIERS TOURNOIS APPROCHENT...
EN CLASSE, IL NE MÉRITE NI L'EXCÈS D'HONNEUR, NI L'INDIGNATION. IL REDOUBLE SA QUATRIÈME, (ON LE LUI A PERMIS GRÂCE À SON JEUNE ÂGE) MAIS RÉUSSIT UNE EXCELLENTE TROISIÈME ET UNE BONNE SECONDE...
... AU TENNIS, TOUT VA POUR LE MIEUX... IL EST D'ABORD SÉLECTIONNÉ EN ÉQUIPE DE FRANCE MINIMES...
1973
...PUIS EN ÉQUIPE DE FRANCE CADETS...
1974
CLASSEMENT NATIONAL: 15/5
... ENFIN, EN ÉQUIPE DE FRANCE JUNIORS!
1975
CLASSEMENT NATIONAL: 2/6
adidas
SEPTEMBRE 1976. JOUR DE LA RENTRÉE EN 1re C. IL DÉCIDE D'ARRÊTER SES ÉTUDES. JEAN PAUL LOTH, LE DIRECTEUR TECHNIQUE NATIONAL DE TENNIS, SE DÉPLACE SPÉCIALEMENT DE PARIS POUR LE VOIR...
COMPRENDS-MOI BIEN, YAN! CERTES, TES PERFORMANCES TENNISTIQUES SONT INTÉRESSANTES, MAIS ON NE SAIT PAS CE QUI PEUT ARRIVER... TU PEUX TE CASSER UNE JAMBE... ET PERSONNE, À L'HEURE ACTUELLE, NE PEUT T'ASSURER QUE TU POURRAS VIVRE DU TENNIS!...
1976
CLASSEMENT NATIONAL: -1/6
...PASSE TON BAC D'ABORD, ON VERRA APRÈS. ET PUIS, TU ES TROP JEUNE POUR PRENDRE UNE DÉCISION! ALORS, NOUS SOMMES D'ACCORD, DEMAIN TU RETOURNES EN CLASSE...
IL N'EN EST PAS QUESTION, MONSIEUR LOTH...
MAIS ENFIN, TU AS COMPRIS CE QUE JE T'AI DIT?
J'AI PARFAITEMENT COMPRIS, MAIS C'EST DÉCIDÉ... JE VEUX JOUER AU TENNIS, RIEN QU'AU TENNIS. AU REVOIR, MONSIEUR.
AU TÉLÉPHONE, YANNICK FAIT PART DE SA DÉCISION À SES PARENTS...
C'EST TOI QUI VOIS, MAIS MAINTENANT, TU N'AS PLUS LE CHOIX: TU ES...
..OBLIGÉ DE RÉUSSIR!
ON EST DE TOUT COEUR AVEC TOI, MON TITI!

CETTE FOIS, C'EST FAIT, YANNICK SE LANCE DANS LA GRANDE AVENTURE DU TENNIS PROFESSIONNEL... UN MODESTE CONTRAT PUBLICITAIRE LUI ASSURE SES PREMIERS REVENUS... IL S'INSTALLE À PARIS, DANS UN PETIT STUDIO SITUÉ NON LOIN DE ROLAND-GARROS, STUDIO QUE FRÉQUENTE ASSIDÛMENT SON AMI PASCAL PORTES...
QU'EST-CE QU'ON FAIT, CE SOIR ?
J'SAIS PAS...
...SI ON ALLAIT SE CHANGER LES IDÉES À L'ELYSÉE-MATIGNON ?
PASCAL ET YANNICK. YANNICK ET PASCAL. DEUX INSÉPARABLES...
...MÊME LA VEILLE D'UN CHAMPIONNAT DE FRANCE JUNIOR QUI DOIT LES OPPOSER EN FINALE..
DEMAIN, C'EST TOI QUE JE VAIS BOUFFER SUR LE COURT !
FAIS GAFFE, JE NE SUIS PAS TRÈS DIGESTE !
...C'EST VRAI QUE TU ES PLUTÔT CORIACE !
OUAIS, MAIS AUJOURD'HUI, TU AVAIS TROP D'APPÉTIT POUR MOI ! CANNIBALE !
4-6, 6-3, 6-4 POUR YANNICK, ET LE TITRE DE CHAMPION DE FRANCE JUNIOR !
EN REVANCHE, AU 1er TOUR DU "NATIONAL SÉNIORS", OÙ IL EST ÉGALEMENT ENGAGÉ, IL PERD CONTRE... PATRICE HAGELAUER, L'ENTRAÎNEUR DE L'ÉQUIPE DE FRANCE JUNIOR ET SON FUTUR "COACH".
N'OUBLIE PAS L'ENTRAÎNEMENT, DEMAIN !
...L'ENTRAÎNEMENT... LES MATCHES SE SUCCÈDENT, JUSQU'À CETTE FINALE DE "L'ORANGE-BOWL"*, À MIAMI, EN FLORIDE. FINALE PERDUE POUR YANNICK, MALGRÉ DEUX BALLES DE MATCH, CONTRE UN CERTAIN... IVAN LENDL...
*"L'ORANGE BOWL" EST CONSIDÉRÉ COMME L'OFFICIEUX CHAMPIONNAT DU MONDE JUNIOR.
...À IVAN, LE TROPHÉE, MAIS À YANNICK, LE SOURIRE DES FILLES !
31 Annual
Orange Bowl
1977
CLASSEMENT NATIONAL : N° 16
CLASSEMENT MONDIAL (A.T.P.) : N° 305

1978. ANNÉE CHARNIÈRE POUR YANNICK. C'EST SA VÉRITABLE ENTRÉE SUR LE CIRCUIT PROFESSIONNEL...
ET POUR TERMINER CE JOURNAL, DES IMAGES DE TENNIS. YANNICK NOAH, QUI EST À PEINE ÂGÉ DE 18 ANS, PARTICIPERA À LA FINALE DU GRAND PRIX DE NICE...
...EN EFFET, À LA SURPRISE GÉNÉRALE, LE JEUNE FRANÇAIS A BATTU EN DEMI-FINALE LE NÉO-ZÉLANDAIS, CHRIS LEWIS, 6-2, 7-5...
LA COSTE
...ET VOILÀ LE POINT VICTORIEUX !
YANNICK NOAH RÉPOND MAINTENANT AUX QUESTIONS D'HERVÉ DUTHU...
CHTOOK !
...LES SPORTIFS QUE J'AIME LE PLUS, C'EST BORG ET PELÉ. PELÉ, EN PARTICULIER, EST UN GÉNIE DU SPORT.. CE QUE FAIT BORG EST FANTASTIQUE, MAIS SI JE L'ADORE, JE NE L'ADMIRE PAS. CE N'EST PAS MON IDOLE... JE N'AI PAS D'IDOLE !
QUELLE EST VOTRE AMBITION POUR LES ANNÉES À VENIR ?
GAGNER À ROLAND-GARROS ! MON RÊVE DEPUIS QUE JE SUIS MÔME !
A. Chéret
CETTE ANNÉE-LÀ, IL SERA ÉLIMINÉ AU TROISIÈME TOUR PAR GUILLERMO VILAS... UN MOIS PLUS TARD, À WIMBLEDON, UNE ÉQUIPE DE DOUBLE FAIT SENSATION : ASHE-NOAH, LE MAÎTRE ET L'ÉLÈVE.. LE TEMPS N'EST PAS SI LOIN OÙ ARTHUR ASHE ÉCHANGEAIT QUELQUES BALLES AVEC LE PETIT CAMEROUNAIS...
CINQ MINUTES AVANT CHAQUE RENCONTRE, LES ADVERSAIRES SONT CONFINÉS DANS UN VÉRITABLE RÉDUIT, OÙ ILS ATTENDENT LE BON VOULOIR DE L'ARBITRE... L'ATMOSPHÈRE EST TENDUE... YANNICK SENT LA PANIQUE LE GAGNER...
...MAIS QU'EST-CE QUE JE FOUS ICI ? J'AURAIS JAMAIS DÛ ACCEPTER DE JOUER AVEC ARTHUR !
..ET SI JE PARTAIS MAINTENANT ? OUAIS, C'EST ÇA, J'ME BARRE...
...MAIS SI J'ME BARRE, QU'EST-CE QUI VA ARRIVER ?

MESSIEURS, C'EST A' VOUS !
TROP TARD, MON VIEUX YAN, FAUT Y ALLER !
COME ON, YANNICK ! *
* ALLONS-Y, YANNICK !
HOU ! HOU ! REGARDEZ-MOI CE GAMIN, IL VA SE FAIRE BOUFFER TOUT CRU !
SHUT UP ! (*) VOUS ÊTES COMPLÈTEMENT FOU !
* FERMEZ-LA !
...SUR LE COURT, YANNICK OUBLIE VITE SON ANGOISSE ET LA PAIRE ASHE-NOAH MÈNE DEVANT PATTISON-MITTON 4-6, 9-8, 6-2, 13-12, UNE BALLE DE MATCH ET YANNICK AU SERVICE...
COGNE ! FRAPPE DE TOUTES TES FORCES SUR SON REVERS...
...EN FINESSE, ARTHUR ASHE ACHÈVE L'OEUVRE COMMENCÉE PAR YAN...
... POINT, SET, ET MATCH ! IMAGE DE BONHEUR, IMAGE-SYMBOLE DES DEUX PLUS GRANDS CHAMPIONS NOIRS DE TOUS LES TEMPS...
SERVER SETS GAMES POIN
ASHE NOAH 2 13 40
COMMENT ! ? VOUS APPLAUDISSEZ, VOUS AUSSI ?
AH ! J'AURAIS JAMAIS CRU ÇA DU MÔME ! CHAPEAU !

COMMENT RÉAGISSEZ-VOUS AUX INSULTES RACISTES ?
JE ME SENS PLUS FORT QUE LES INSULTES. CELUI QUI M'INSULTE, C'EST QU'IL NE ME CONNAÎT PAS. DONC, IL NE M'ATTEINT PAS !
...LE SPORT EST QUELQUE CHOSE DE HAUT ET DE BEAU, QUELS QUE SOIENT LES PRÉJUGÉS. PARCE QU'EN SPORT, LA PLUPART DU TEMPS, C'EST LE FORT QUI GAGNE. ALORS QUE CE N'EST PAS TOUJOURS LE CAS DANS LA VIE...
C'EST ÇA, LE BON GAGNE, QU'IL SOIT BLANC, NOIR OU JAUNE...
ET LE BON GAGNE, LE 26 NOVEMBRE 1978 À MANILLE, SON PREMIER GRAND PRIX... À 18 ANS !
COMME UNE VICTOIRE NE VIENT JAMAIS SEULE, YANNICK RÉCIDIVE À CALCUTTA, UNE SEMAINE PLUS TARD...
CE SOIR, C'EST MOI QUI RÉGALE ! ON VA FAIRE UNE FÊTE À TOUT CASSER !
QUI C'EST CELUI-LÀ ? TU LE CONNAIS ?
C'EST UN JOURNALISTE... C'EST MARRANT, IL ME SUIT PARTOUT DEPUIS WIMBLEDON !
PLOOCH !
APRÈS CES DEUX VICTOIRES VOUS PASSEZ DE LA 305e À LA 42e PLACE AU CLASSEMENT MONDIAL. UNE PROGRESSION ÉNORME... VOUS ÊTES ENCORE LOIN DU BUT QUE VOUS VOUS ÊTES FIXÉ ?
...QUAND J'ÉTAIS MÔME, CHEZ MOI, À YAOUNDÉ, IL Y AVAIT UN EUCALYPTUS... JE LE VISAIS TOUS LES JOURS, MAIS COMME IL ÉTAIT LOIN, JE NE LE TOUCHAIS PAS SOUVENT... ...J'AURAI LORSQUE
RÉUSSI JE L'ATTEINDRAI À TOUS LES COUPS !... ..DANS MA TÊTE !
VOUS COMPRENEZ ?
L'EUCALYPTUS !?
1978
CLASSEMENT MONDIAL : 42e A.T.P. N°2 FRANÇAIS.

16 - 18 MARS 1979. COUPE DAVIS, DEUXIÈME TOUR. HOLLANDE-FRANCE, À AMSTERDAM. APRÈS LES PREMIERS SIMPLES ET LE DOUBLE, LA FRANCE EST MENÉE 2 À 1...
PERSONNE NE CROIT À MA VICTOIRE CONTRE OKKER *...
...MAIS MOI, JE NE PARS PAS BATTU D'AVANCE !
* TOM OKKER : MÊME À 35 ANS, LE HOLLANDAIS EST ENCORE UN EXCELLENT JOUEUR ET SE SITUE LARGEMENT DEVANT YANNICK DANS LA HIÉRARCHIE MONDIALE.
OKKER-NOAH : LE MATCH QU'IL NE FAUT PAS PERDRE. YANNICK, ULTRA-CONCENTRÉ, L'ESPRIT REVANCHARD, FAIT JEU ÉGAL AVEC SON PRESTIGIEUX AÎNÉ. MIEUX : IL MÈNE, APRÈS QUATRE HEURES DE COMBAT ACHARNÉ, 8-10, 6-1, 7-9, 6-3 ET 5-4. AVANTAGE À YANNICK QUI SERT POUR LE GAIN DE LA PARTIE...
MALGRÉ LE SERVICE IMPECCABLE DE YANNICK, TOM OKKER RETOURNE À LA PERFECTION...
...ET YANNICK, TOUTES GRIFFES DEHORS, EST OBLIGÉ DE SE JETER SUR LA BALLE, ET D'EXÉCUTER UNE VOLÉE EXTRAORDINAIRE...
...TOM EST À QUATRE MÈTRES, BATTU, ARCHIBATTU !...

... MAIS DANS UN RÉFLEXE DÉSESPÉRÉ, AU PRIX D'UN EFFORT FABULEUX...
CHTOOOOCK
...LE HOLLANDAIS RÉUSSIT L'IMPOSSIBLE EXPLOIT !
... YANNICK, DÉSARMÉ ET IMPUISSANT, NE PEUT QUE CONSTATER LES DÉGÂTS ! INCROYABLE !
PIERRE DARMON, LE CAPITAINE DE L'ÉQUIPE DE FRANCE, EST CATASTROPHÉ, TANDIS QUE, DERRIÈRE LUI, LE PUBLIC HURLE DE JOIE. YAN AURA-T-IL LE MORAL NÉCESSAIRE POUR SURMONTER CE MAUVAIS COUP DU SORT ?
LA RÉPONSE NE SE FAIT PAS ATTENDRE LONGTEMPS.. IL SERT UN "ACE" QUI CLOUE TOM OKKER SUR PLACE...
...ET, NOUVELLE BALLE DE MATCH POUR YAN...
...SÛR DE SON ART, YANNICK, UNE FOIS ENCORE, PREND LE FILET...
.ET POUSSE LE HOLLANDAIS À LA FAUTE...
CHTOOK
...CETTE FOIS, C'EST GAGNÉ ! NOUS SOMMES EN MARS 1979. UN CHAMPION EST NÉ, IL N'A PAS 19 ANS !

AU LENDEMAIN DE SON EXPLOIT D'AMSTERDAM, YANNICK EST ENGAGÉ DANS LE GRAND PRIX DE NANCY. AU PREMIER TOUR, VICTOIRE SANS HISTOIRE...
..IL PROFITE DONC D'UN JOUR DE REPOS POUR ALLER VOIR DES AMIS À METZ...
...1 HEURE DU MATIN, SUR L'AUTOROUTE, L'AUTOBIANCHI TOUTE NEUVE FILE À VIVE ALLURE...
" I SHOT THE SHÉRIFF...* BUT I DIDN'T SHOOT NO DEPUTY, OH NO
*CÉLÈBRE REGGAE DE BOB MARLEY.
.." I SHOT THE SHERIFF...
HE?!
CRAACH!..
CLIING..
BANG!
BANG!
GRAWOM!!!

PLUS DE PEUR QUE DE MAL!... MAIS QUELLE PEUR !
SON COEUR COGNE DANS SA POITRINE À LE FAIRE HURLER! ET DIRE QUE DANS QUELQUES HEURES IL DOIT JOUER!..
...IL JOUERA..
ET MÊME À LA PERFECTION...
...PUISQUE, MALGRÉ L'ACCIDENT QUI HANTE ENCORE SON SOUVENIR...
...IL GAGNE L'OPEN DE LORRAINE, FAISANT LA DÉMONSTRATION D'UNE TECHNIQUE ET D'UN SANG-FROID...
CHTOOK!
...EXEMPLAIRES! DANS LES MOIS QUI SUIVENT, YANNICK INSCRIT SON NOM AU PALMARES DES GRANDS PRIX DE MADRID ET DE BORDEAUX, ET DEVIENT CHAMPION DE FRANCE POUR LA PREMIÈRE FOIS À 19 ANS !
1979, LA PRESSE SPORTIVE TITRE : "L'ANNÉE NOAH!"
L'ÉQUIPE
CLASSEMENT MONDIAL: N°25 A.T.P. N°1 FRANÇAIS.

VOUS VOILÀ N° 1 FRANÇAIS ET 25e MONDIAL. L'EUCALYPTUS DE VOTRE ENFANCE N'EST PLUS TRÈS LOIN. QUAND CROYEZ-VOUS L'ATTEINDRE ?
QUAND JE SERAI N° 1 MONDIAL !... OU PLUTÔT NON... QUAND JE GAGNERAI À ROLAND-GARROS !
L'EUCALYPTUS, C'EST DONC ROLAND-GARROS ?
OUI, C'EST ÇA... QUAND J'ÉTAIS GOSSE...
...JE PENSAIS QUE SI J'ARRIVAIS À TOUCHER L'EUCALYPTUS, À TOUS LES COUPS, JE POURRAIS UN JOUR GAGNER UN GRAND TOURNOI, ROLAND-GARROS, EN PARTICULIER...
ROLAND-GARROS 1980. S'IL NE COMPTE PAS PARMI LES FAVORIS, TOUT LE MONDE S'ACCORDE À FAIRE DE YANNICK NOAH UN "OUTSIDER" DE PREMIER ORDRE...
...D'AUTANT QUE LA VEILLE À ROME, YAN N'ÉTAIT BATTU QU'EN FINALE, ET PAR L'UN DES MEILLEURS SPÉCIALISTES SUR TERRE BATTUE : GUILLERMO VILAS.
26

APRÈS AVOIR ÉPINGLÉ JOSÉ-LOUIS CLERC ET ÉLIOT TELTSCHER, IL GAGNE LE DROIT DE RENCONTRER JIMMY CONNORS, EN 1/8 DE FINALE.
7-5, 5-4 POUR CONNORS ET...
CLOOK!
...CETTE BALLE DIABOLIQUE QUE YANNICK DOIT ALLER CHERCHER
...À L'AUTRE BOUT DU MONDE...
QUÊTE DE L'IMPOSSIBLE... YAN EXIGE DE SON PHYSIQUE LES EFFORTS LES PLUS VIOLENTS...
...MAIS L'EXIGENCE CETTE FOIS EST TROP GRANDE...
AAÏÏIIE
...ET YANNICK EST TÉTANISÉ PAR LA DOULEUR.
...DANS LES TRIBUNES, MARIE-CLAIRE NOAH EST INQUIÈTE...

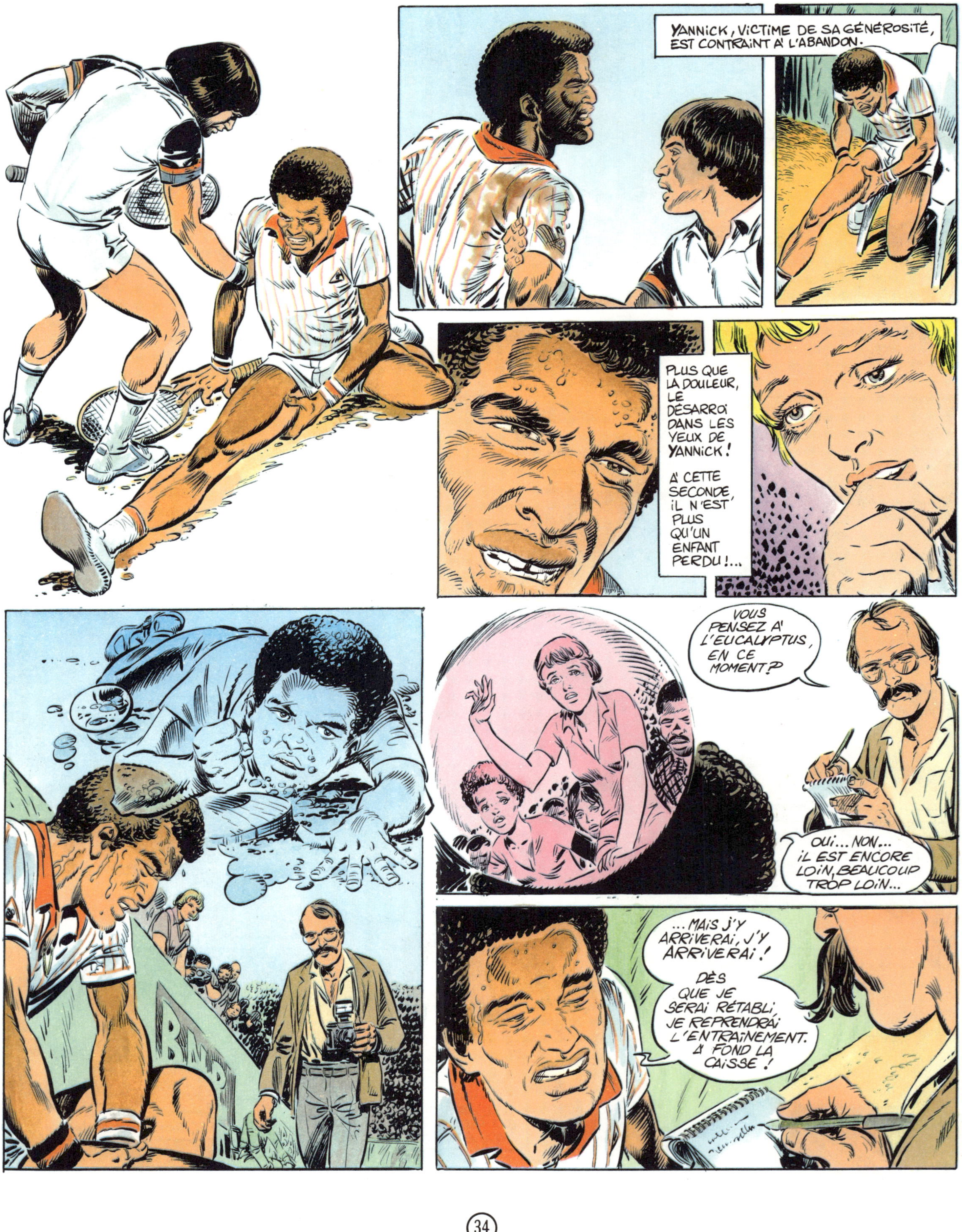

YANNICK, VICTIME DE SA GÉNÉROSITÉ, EST CONTRAINT À L'ABANDON.
PLUS QUE LA DOULEUR, LE DÉSARROI DANS LES YEUX DE YANNICK !
À CETTE SECONDE, IL N'EST PLUS QU'UN ENFANT PERDU !...
VOUS PENSEZ À L'EUCALYPTUS, EN CE MOMENT ?
OUI... NON... IL EST ENCORE LOIN, BEAUCOUP TROP LOIN...
... MAIS J'Y ARRIVERAI, J'Y ARRIVERAI !
DÈS QUE JE SERAI RÉTABLI, JE REPRENDRAI L'ENTRAINEMENT. À FOND LA CAISSE !

QUELQUES SEMAINES PLUS TARD, LE KINÉ DE L'ÉQUIPE DE FRANCE, ROBERT LAURENS, SE FAIT RASSURANT...
TOUT VA BIEN MAINTENANT ! TU PEUX RECOMMENCER TES GRANDS ÉCARTS !
PATRICE HAGELAUER A ACCEPTÉ DE DEVENIR L'ENTRAINEUR PERSONNEL.. LE "COACH" DE YANNICK...
...LES DEUX HOMMES, QUI SE CONNAISSENT DEPUIS LONGTEMPS, SE RESPECTENT ET SONT UNIS PAR UNE SOLIDE AMITIÉ...
ATHLON
L'ENTRAINEMENT DE YANNICK : TECHNIQUE, PRÉCISION, VITESSE ET RÉSISTANCE... POUR LA PRÉCISION...
...DES BOITES DE BALLES SERVENT DE CIBLES...
YANNICK, COMPARÉ AUX MAC ENROE, LENDL, CONNORS OU VILAS N'EST PAS NATURELLEMENT TRÈS VÉLOCE..
...POUR LA VITESSE, PATRICE LE FAIT TRAVAILLER EN "FRACTIONNÉ"...
..À L'ENTRAINEMENT, PAS QUESTION DE MÉNAGER SA PEINE. L'EFFORT EST VIOLENT..
HAN !
CHTOK !
CLING !
TOUT, CHEZ YANNICK, N'EST QUE VOLONTÉ, HARGNE ET PUISSANCE...
...IMPRESSIONNANT !

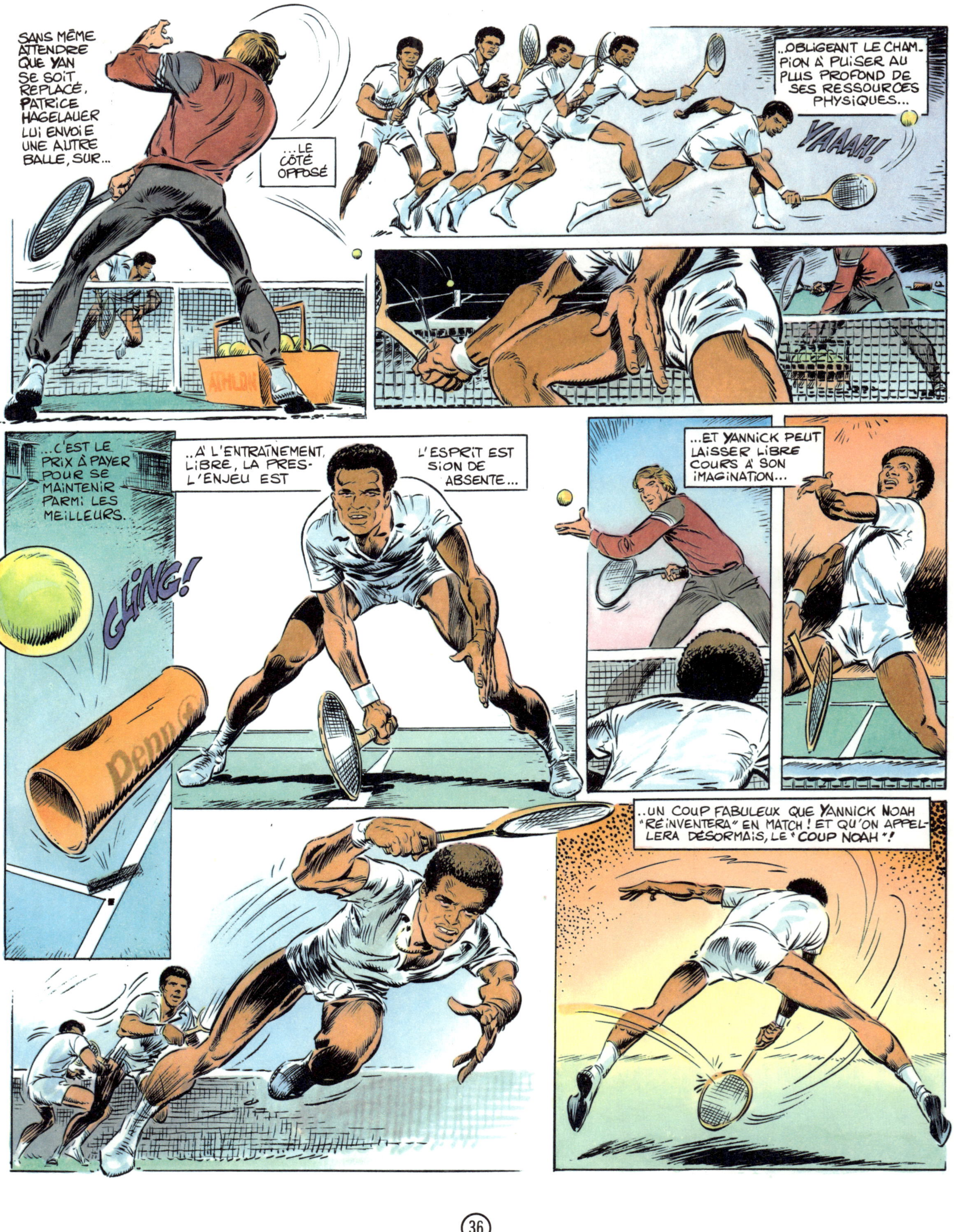

SANS MÊME ATTENDRE QUE YAN SE SOIT REPLACÉ, PATRICE HAGELAUER LUI ENVOIE UNE AUTRE BALLE, SUR...
...LE CÔTÉ OPPOSÉ
..OBLIGEANT LE CHAMPION À PUISER AU PLUS PROFOND DE SES RESSOURCES PHYSIQUES...
YAAAH!
...C'EST LE PRIX À PAYER POUR SE MAINTENIR PARMI LES MEILLEURS.
CLING!
..À L'ENTRAÎNEMENT, L'ESPRIT EST LIBRE, LA PRESSION DE L'ENJEU EST ABSENTE...
...ET YANNICK PEUT LAISSER LIBRE COURS À SON IMAGINATION...
..UN COUP FABULEUX QUE YANNICK NOAH "RÉINVENTERA" EN MATCH ! ET QU'ON APPELLERA DÉSORMAIS, LE "COUP NOAH" !

HÉ ! PAS MAL CE COUP-LÀ ! TU PEUX ME LE REFAIRE, J'AI PAS BIEN VU ?!
HA! HA! HA! LES YEUX BANDÉS, SI TU VEUX !
... J'AIMERAIS QUE TU ME FASSES QUELQUES REVERS LIFTÉS, MAINTENANT. C'EST UN COUP QU'IL TE FAUT ENCORE ÉNORMÉMENT TRAVAILLER.. O.K. ?
O.K. !
NONNN!..
NON, NON ET NON! JE SUIS NUL !!
CRRAAC!
TU AS UN PETIT TEMPS DE RETARD SUR LA BALLE, CE QUI T'OBLIGE À FAIRE CETTE GRANDE FENTE AU MOMENT DE FRAPPER...
SOIS PLUS RAPIDE SUR LA BALLE ET SURTOUT TOURNE DAVANTAGE TES ÉPAULES ! UN: TES APPUIS SERONT MEILLEURS ; DEUX : TON GESTE PLUS ASSURÉ ; TROIS: TU POURRAS PLUS FACILEMENT TE REPLACER POUR LE COUP SUIVANT !...
ALLEZ, ON REMET ÇA !

POUR LE REVERS LIFTÉ,
LA PRISE DE RAQUETTE EST EST UNE PRISE FERMÉE...
..LE POIDS DU CORPS EST SUR LA JAMBE ARRIÈRE EN FIN DE PRÉPARATION...
..LA ROTATION DES ÉPAULES EST IMPORTANTE...
...PAR CETTE ROTATION, LA RAQUETTE EST "PROJETÉE" DERRIÈRE LE CORPS...
...ET REDESCEND POUR PLACER LE TAMIS...
..TRÈS EN DESSOUS DU NIVEAU DE LA BALLE..
..LE POIDS DU CORPS EST TRANSFÉRÉ DE LA JAMBE ARRIÈRE SUR LA JAMBE AVANT...
...PUIS LA RAQUETTE REMONTE VERS L'AVANT, PRESQUE VERTICALEMENT, POUR "COIFFER" LA BALLE DE BAS EN HAUT...
...C'EST L'EFFET DU LIFT.
BRAVO YAN, ET MERCI POUR LA LEÇON !

OK, YAN, C'EST SUPER ! SUFFIT POUR AUJOURD'HUI, ON REPRENDRA DEMAIN !
C'EST LUI, C'EST NOAH !
DOUCEMENT, IL Y EN AURA POUR TOUT LE MONDE !
FFFFT ! QU'EST-CE QUE T'ES BEAU !
HEU... TU N'ES PAS MAL NON PLUS !
DOMMAGE... J'SUIS TROP PETITE !
TROP PETITE POUR QUOI FAIRE ?
BEN... POUR QUE J'ME MARIE AVEC TOI, TIENS !
A. Chéret

ZAZA ! QU'EST-CE QUE TU FAIS LÀ ?
JE SUIS VENU TE CHERCHER ! MAMAN A PRÉPARÉ UN SUPER-DÎNER !
ET COMMENT ÇA MARCHE TON ENTRAÎNEMENT ?
PAS MAL, JE N'AI CASSÉ QU'UNE SEULE RAQUETTE, AUJOURD'HUI !
TU NE PRENDS PAS L'ASCENSEUR ?
TU PLAISANTES, C'EST POUR LES FLEMMARDS ! J'TE PARIE QUE J'ARRIVE AVANT TOI !
ATHLÈTE INCOMPARABLE, YANNICK NE MANQUE JAMAIS UNE OCCASION...
...DE SE MESURER À LUI-MÊME...
...LA COURSE CONTRE L'ASCENSEUR FAIT, EN QUELQUE SORTE, PARTIE DE SON ENTRAÎNEMENT PERSONNEL...
Ô PRINCESSE ZAZA, LUMIÈRE DES LUMIÈRES, JE SUIS VOTRE HUMBLE SERVITEUR !
HA ! HA ! HA !
1980 : CLASSEMENT MONDIAL, N°18 A.T.P. N°1 FRANÇAIS.

8 FÉVRIER 1981, À RICHMOND, U.S.A., PATRIE D'ARTHUR ASHE.
POUR LA PREMIÈRE FOIS DE SA JEUNE CARRIÈRE, YANNICK DISPUTE LA FINALE D'UN GRAND TOURNOI.
..EN FACE, SON ADVERSAIRE DE TOUJOURS, SON "ENNEMI INTIME", IVAN LENDL, QUI VIENT DE SERVIR UN "ACE"..
TOI, MON PETIT BONHOMME, TU NE L'EMPORTERAS PAS AU PARADIS !
LENDL, MENÉ 6-1, 2-1, MANIFESTE UN CURIEUX MÉPRIS ENVERS YANNICK...
C'EST ÇA, MON POTE, JOUE LES GRANDS SEIGNEURS ! SI TU CROIS QUE TU M'IMPRESSIONNES !
YANNICK ÉVITE DE JUSTESSE LA BALLE QUE LENDL VIENT DE FRAPPER AVEC UNE VIOLENCE INOUÏE...
ZZZZiiiOUUF
..MAIS.. IL EST COMPLÈTEMENT DINGUE, CE MEC !
MAIS QU'EST-CE QU'IL FAIT... IL ABANDONNE ? HÉ, TU CRAQUES, IVAN !
IVAN CRAQUA, EN EFFET. BLESSURE PHYSIQUE OU BLESSURE MORALE ? FIN ET INTELLIGENT, IVAN LENDL REGRETTAIT SÛREMENT LE MAUVAIS GESTE QU'IL VENAIT D'AVOIR ENVERS YANNICK.
IT'S HARD TO BELIEVE THAT JUST 10 YEARS AGO, WHEN I SAW YOU FIRST YOU WERE JUST THIS TALL, AND HOUR..*
*IL EST DIFFICILE DE CROIRE QU'IL Y A 10 ANS, LORSQUE JE T'AI VU POUR LA PREMIÈRE FOIS, TU ÉTAIS HAUT COMME ÇA... ET MAINTENANT...
1981 CLASSEMENT MONDIAL N°13 A.T.P. N°1 FRANÇAIS.

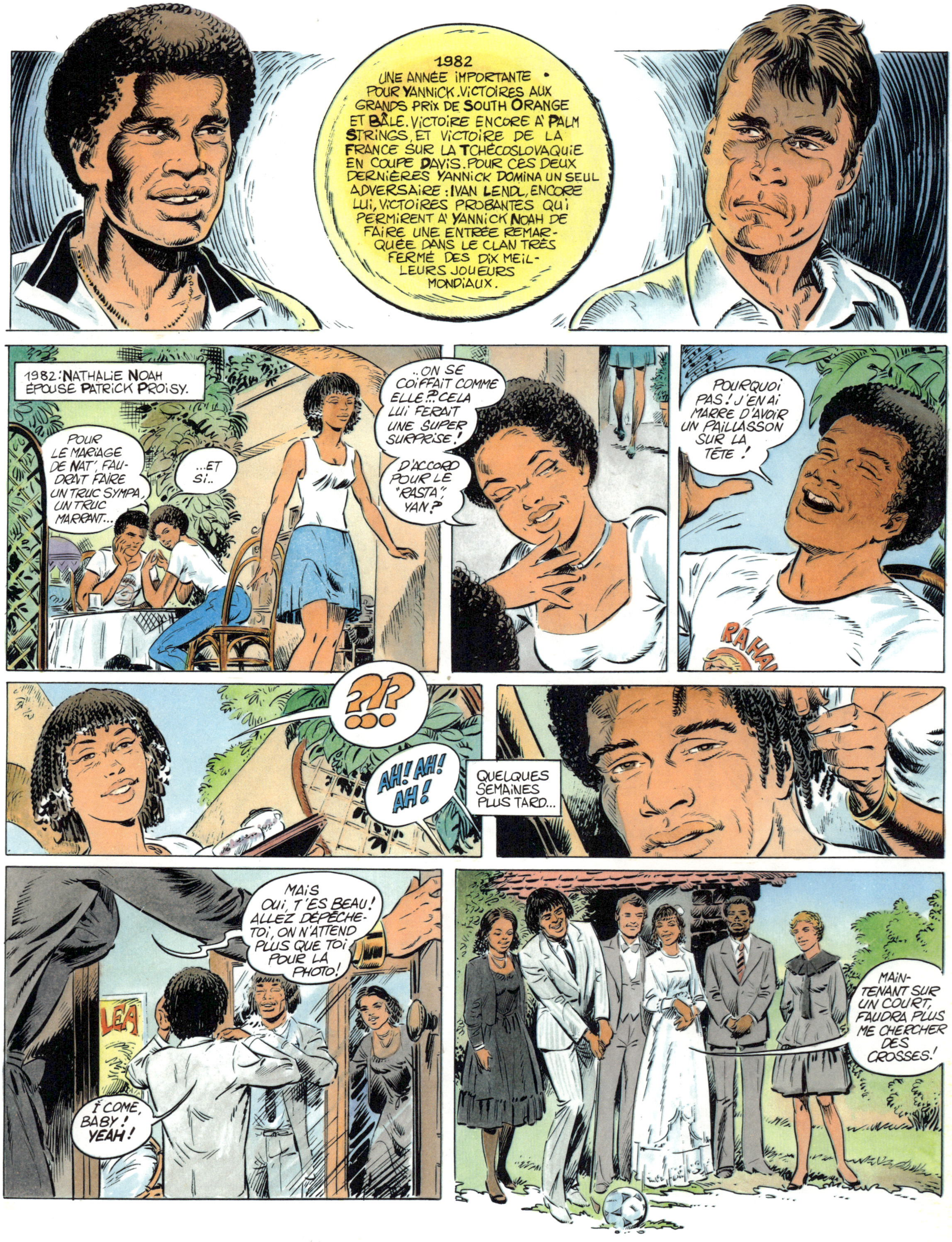
1982
UNE ANNÉE IMPORTANTE POUR YANNICK. VICTOIRES AUX GRANDS PRIX DE SOUTH ORANGE ET BÂLE. VICTOIRE ENCORE À PALM STRINGS, ET VICTOIRE DE LA FRANCE SUR LA TCHÉCOSLOVAQUIE EN COUPE DAVIS. POUR CES DEUX DERNIÈRES YANNICK DOMINA UN SEUL ADVERSAIRE : IVAN LENDL, ENCORE LUI, VICTOIRES PROBANTES QUI PERMIRENT À YANNICK NOAH DE FAIRE UNE ENTRÉE REMARQUÉE DANS LE CLAN TRÈS FERMÉ DES DIX MEILLEURS JOUEURS MONDIAUX.
1982 : NATHALIE NOAH ÉPOUSE PATRICK PROISY.
POUR LE MARIAGE DE NAT', FAUDRAIT FAIRE UN TRUC SYMPA, UN TRUC MARRANT...
...ET SI..
..ON SE COIFFAIT COMME ELLE ?.. CELA LUI FERAIT UNE SUPER SURPRISE !
D'ACCORD POUR LE "RASTA", YAN ?
POURQUOI PAS ! J'EN AI MARRE D'AVOIR UN PAILLASSON SUR LA TÊTE !
?!?
AH ! AH ! AH !
QUELQUES SEMAINES PLUS TARD...
MAIS OUI, T'ES BEAU ! ALLEZ DÉPÊCHE-TOI, ON N'ATTEND PLUS QUE TOI POUR LA PHOTO !
I COME, BABY ! YEAH !
MAINTENANT SUR UN COURT, FAUDRA PLUS ME CHERCHER DES CROSSES !

DES CROSSES, POURTANT, ON ALLAIT LUI EN CHERCHER. A COMMENCER PAR JOHN MAC ENROE. 26 NOVEMBRE 1982. GRENOBLE. FINALE DE LA COUPE DAVIS, FRANCE-U.S.A. L'ÉVÉNEMENT ! CONFÉRENCE DE PRESSE D'AVANT-MATCH...
NON, JE NE CRAINS PAS NOAH !... C'EST PLUTÔT SA COIFFURE QUI ME FAIT PEUR !
D'AC, MAC, C'EST UN BON MOT ! MAIS À CE MOMENT DE LA PARTIE, ES-TU CERTAIN QU'IL N'Y AIT QUE LA COIFFURE DE YAN QUI TE FASSE PEUR ? APRÈS AVOIR PERDU LE PREMIER SET 10-12, N'A-T-IL PAS REMPORTÉ LE SECOND 6-1, ET NE MÈNE-T-IL PAS DANS LE TROISIÈME 5-3 ?...
UN YANNICK EUPHORIQUE, SUPERBE, MAGNIFIQUE QUI FAIT MIEUX QUE JEU...
...ÉGAL AVEC LE N°1 MONDIAL...
...BALLE DE SET, ET YAN AU SERVICE...
RETOUR EN COUP DROIT DE MAC QUI SE PRÉCIPITE AU FILET..
...RÉPLIQUE DE YAN, DANS LES PIEDS DE L'AMÉRICAIN...
MAC, AU FILET, EST D'UNE ADRESSE DIABOLIQUE... YAN SEMBLE BATTU...
MAIS, APRÈS UNE COURSE INOUÏE, ET AU PRIX D'UNE DÉTENTE GÉANTE, IL REPREND LA BALLE EN REVERS... ET...
...LE PASSING-SHOT CLOUE BIG MAC SUR PLACE ! 6-3 ET YANNICK MÈNE DEUX SETS À UN !...
DANS LE PALAIS DES SPORTS, C'EST LE DÉLIRE.

NO-AH!
OUAIS! YAN, NE LE LÂCHE PLUS!
NO-AH!
NO-AH!
NO-AH!
NO-AH!
MAIS QU'EST-CE QUI LUI A PRIS, À ARTHUR, D'ALLER DÉNICHER CE GAMIN AU CAMEROUN !
APRÈS LE TROISIÈME SET, REPOS OBLIGATOIRE D'UN QUART D'HEURE... UNE VÉRITABLE CALAMITÉ POUR YANNICK. BRISÉ DANS SON ÉLAN, COMME LE SERAIT UN BOLIDE PAR LA FERMETURE D'UN BANAL PASSAGE À NIVEAU...
...D'AUTANT PLUS BRISÉ QUE MAC RETROUVÉ REDEVIENT SUPER MAC..
...LA GRANDE CLASSE !
...FINALEMENT, JOHN MAC ENROE L'EMPORTE..
..EN CINQ SETS: 12-10, 1-6, 3-6, 6-2 ET 6-3...
UN COMBAT DE TITANS QUI AURA DURÉ 4 HEURES 40 !
JOHN MAC ENROE VAINQUEUR DE YANNICK NOAH, ET LA COUPE DAVIS, UNE FOIS DE PLUS, EST AMÉRICAINE.
1982. CLASSEMENT MONDIAL N° 9 A.T.P. N° 1 FRANÇAIS.

YANNICK ÉTAIT PASSÉ TOUT PRÈS DE L'EXPLOIT À GRENOBLE. SIX MOIS PLUS TARD, À ROLAND-GARROS, IL N'ALLAIT PAS MANQUER SON RENDEZ-VOUS AVEC LA GLOIRE.
4 JUIN 1983, 18 HEURES... DEMAIN, FINALE DES INTERNATIONAUX DE FRANCE.
Tennis MAGAZINE
ROLAND GARROS TOURNOI 82
D'APRÈS UN SONDAGE, 85 % DES FRANÇAIS FONT DE YANNICK NOAH LEUR FAVORI. SON ADVERSAIRE ? MATS WILANDER, LE VAINQUEUR DE 1982...
DEMAIN, C'EST PEUT-ÊTRE VOUS QUI BRANDIREZ LA COUPE. L'EUCALYPTUS DE VOTRE ENFANCE N'EST PLUS TRÈS LOIN, MAINTENANT ?
NON, IL N'EST PLUS TRÈS LOIN... ET CETTE FOIS, IL NE M'ÉCHAPPERA PAS ! DEMAIN JE VAIS GAGNER, JE LE SAIS, JE LE SENS !
A. Chéret
4 JUIN 1983, 23 HEURES...
WILANDER.... WILANDER.... WILANDER....
WILANDER
NDER
WILANDER

DEBOUT, YAN !... IL EST 9 HEURES !
WILANDER !
HÉ ! QU'EST-CE QUI T'ARRIVE ?
RIEN JE RÊVAIS... J'AI RÊVÉ QUE WILANDER ME BATTAIT EN CINQ SETS...
...COMME ÇA, C'EST PARFAIT ! IL A DÉJÀ FAIT SON MATCH... IL ME RESTE À FAIRE LE MIEN !
5 JUIN 1983. 10 HEURES DU MATIN.
...ZACHARIE, JUSQU'ALORS, AVAIT FAIT DES EFFORTS MÉRITOIRES POUR NE PAS PARLER DU MATCH... MAIS AU MOMENT DU DÉPART, C'EST PLUS FORT QUE LUI...
PLUS QU'UN MATCH, YAN, BATS-TOI !
NE T'EN FAIS PAS, PAPA, JE VAIS GAGNER ! À TOUT À L'HEURE !
TOUT EST LÀ POUR QUE JE GAGNE : LE SOLEIL, LE STADE, LA FAMILLE !... C'EST MON JOUR !
J'ARRIVE AU BOUT DE MON RÊVE, JE L'AURAI ! JE L'AURAI !
CHTOOK !
HÉ ! DOUCEMENT, MON VIEUX YAN, C'EST PAS LE MOMENT DE TE PLANTER !... TOUT BAIGNE, LÈVE LE PIED !...
ET VOILÀ L'ARÈNE ! C'EST MOI LE DOMPTEUR, AUJOURD'HUI, MAIS JE M'LAISSERAI PAS BOUFFER PAR LE LION !

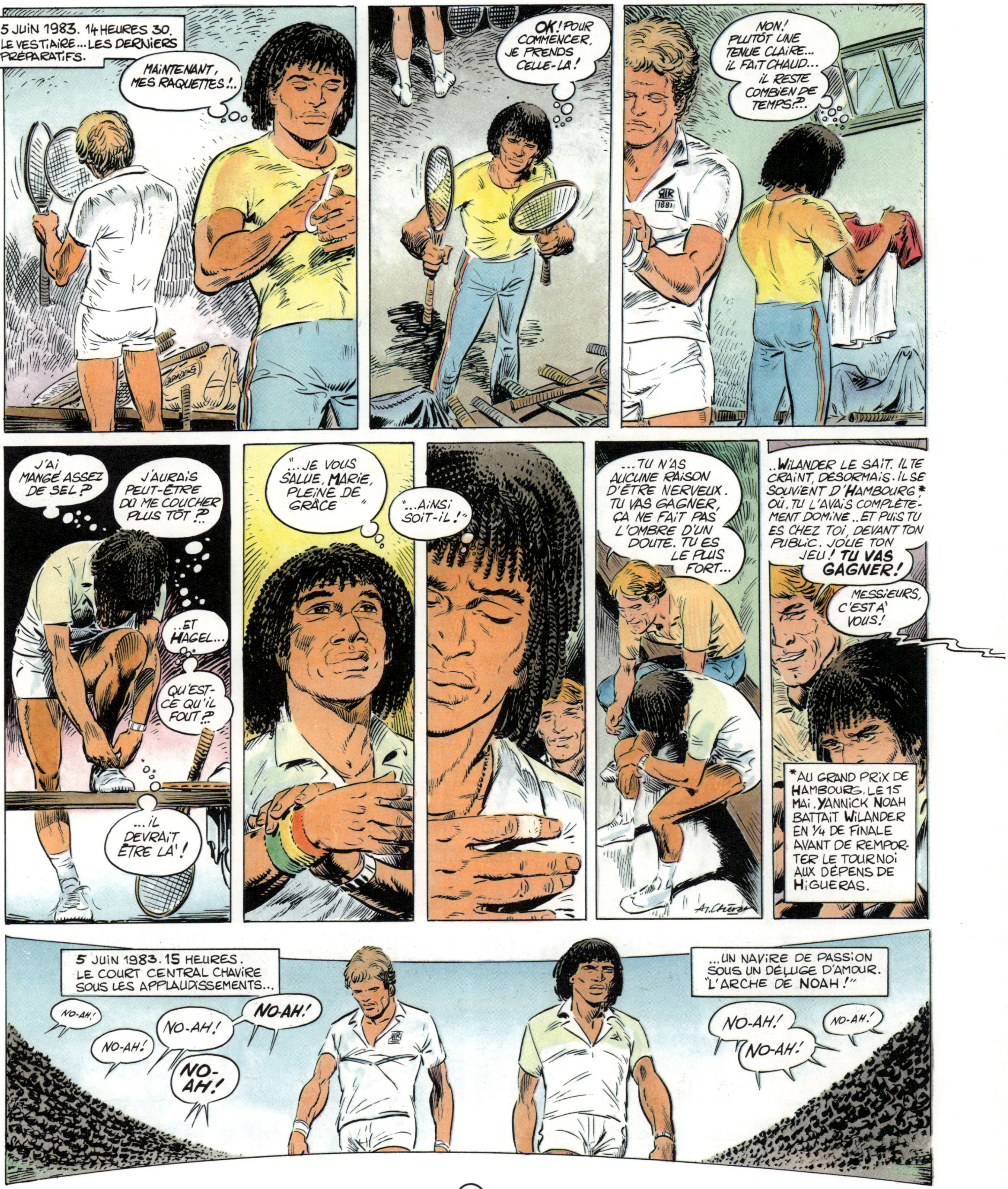
5 JUIN 1983. 14 HEURES 30. LE VESTIAIRE... LES DERNIERS PRÉPARATIFS.
MAINTENANT, MES RAQUETTES !..
OK ! POUR COMMENCER, JE PRENDS CELLE-LÀ !
NON ! PLUTÔT UNE TENUE CLAIRE... IL FAIT CHAUD... IL RESTE COMBIEN DE TEMPS ?..
J'AI MANGÉ ASSEZ DE SEL ?
J'AURAIS PEUT-ÊTRE DÛ ME COUCHER PLUS TÔT ?..
..ET HAGEL...
QU'EST-CE QU'IL FOUT ?
...IL DEVRAIT ÊTRE LÀ' !
"...JE VOUS SALUE, MARIE, PLEINE DE GRÂCE"
"...AINSI SOIT-IL !"
...TU N'AS AUCUNE RAISON D'ÊTRE NERVEUX. TU VAS GAGNER, ÇA NE FAIT PAS L'OMBRE D'UN DOUTE. TU ES LE PLUS FORT...
..WILANDER LE SAIT. IL TE CRAINT, DÉSORMAIS. IL SE SOUVIENT D'HAMBOURG* OÙ, TU L'AVAIS COMPLÈTEMENT DOMINÉ.. ET PUIS TU ES CHEZ TOI, DEVANT TON PUBLIC. JOUE TON JEU ! TU VAS GAGNER !
MESSIEURS, C'EST À VOUS !
*AU GRAND PRIX DE HAMBOURG, LE 15 MAI, YANNICK NOAH BATTAIT WILANDER EN 1/4 DE FINALE AVANT DE REMPORTER LE TOURNOI AUX DÉPENS DE HIGUERAS.
A. Chéret
5 JUIN 1983. 15 HEURES. LE COURT CENTRAL CHAVIRE SOUS LES APPLAUDISSEMENTS...
...UN NAVIRE DE PASSION SOUS UN DÉLUGE D'AMOUR. "L'ARCHE DE NOAH !"
NO-AH !
NO-AH !
NO-AH !
NO-AH !
NO-AH !
NO-AH !
NO-AH !
NO-AH !

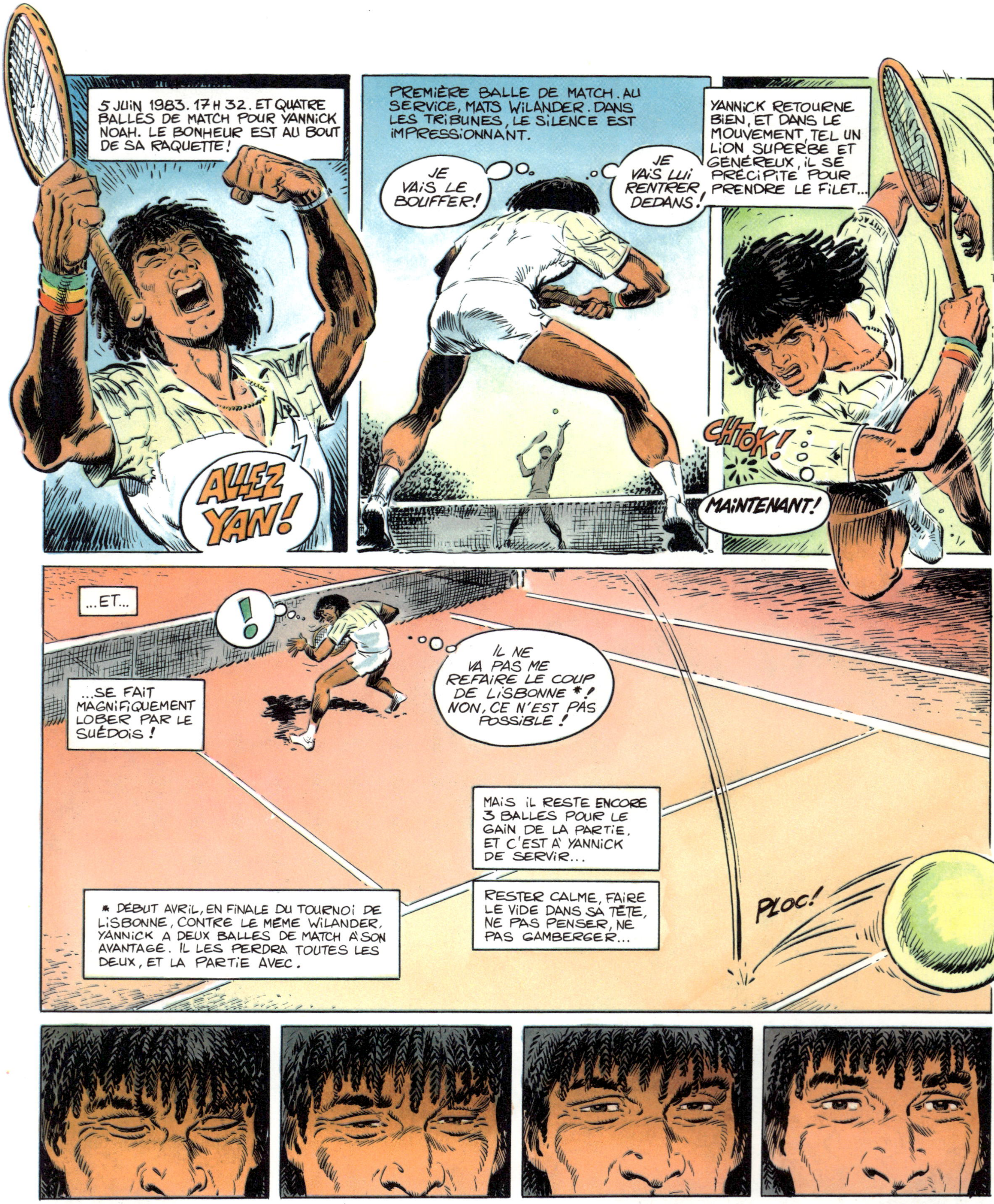

LA PEUR DE GAGNER! QUI NOUE L'ESTOMAC ET ALOURDIT LES JAMBES. DIS, YAN, TU NE VAS PAS CRAQUER! RELÈVE LA TÊTE, REGARDE-LES, ILS SONT TOUS LÀ, OU DEVANT LEUR TÉLÉ, RIEN QUE POUR TOI. 50 MILLIONS DE SUPPORTERS!... 50 MILLIONS, ET NOAH, ET NOAH, SEUL AU MONDE, TOUT SEUL!

DEUXIÈME BALLE DE MATCH...
TOUTE LA HARGNE DE YANNICK, L'ORGUEIL DE YANNICK, LA PUISSANCE DE YANNICK!
WILANDER RETOURNE COMME IL PEUT...
...LA BALLE SORT, LARGEMENT.
BNP
PARIS
ORANGINA
LACOSTE
FEDERATION FRANÇAIS
Y. NOAH
CONTRE
M. WILANDER
6 7 7
2 5 6
NBC SPORTS
BANQUE NATIONALE DE PARIS
HIP! HIP! HIP! HOURRA! HIP! HIP! HIP! NOAH!
MAIS C'EST PAS VRAI, C'EST PAS VRAI, J'AI GAGNÉ!
J'AI... GAGNÉ!

QUAAAAIIS!
MAIS QUI EST-CE, LÀ-BAS?...
MAIS... C'EST PAPA!
PAPA! PAPA!
PAPA! ON A GAGNÉ!
PAPA, OH! PAPA!

Imprimé en France par Offset Aubin - 86 Poitiers (P 12073)
Dépôt légal n° 8558 - Mai 1984
22.46.1921.01
ISBN 2.01.010249.5
Loi N° 49-956 du 16 juillet 1949
sur les publications destinées à la jeunesse - dépôt 5.84